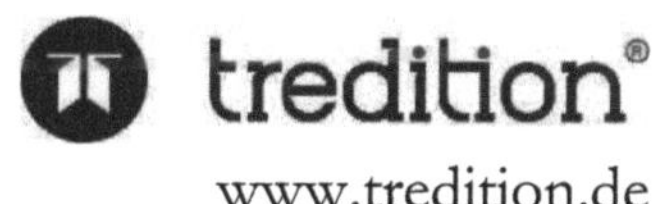
tredition®
www.tredition.de

AF293361

Petra Merkle, Helmut Goedicke

Nach Golde drängt, Am Golde hängt Doch alles

Ein Theaterstück

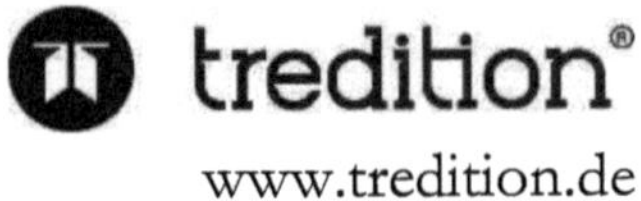

© 2016 Petra Merkle, Helmut Goedicke

Verlag: tredition GmbH, Hamburg

ISBN
Paperback: 978-3-7345-5576-3

Printed in Germany

Die Begeisterung für Goethes Faust einerseits und die Liebe zum Sport andererseits waren die Triebfedern für die Entstehung dieser Geschichte. Wir wünschen uns, dass die Lektüre dieses Büchleins den Leser, die Leserin, dazu motiviert, Goethes Faust I zu lesen. Es lohnt sich!

Szenenübersicht

Hinweis: Die Zahlenangaben auf der rechten Seite des Textes beziehen sich auf die Verse aus Faust I.

Personen des Stücks

Hans Faust................................... F

Trainer....................................... Tr

Sponsor...................................... Sp

Apollon...................................... Ap

Zeus... Z

Herold Harald................................ H

Zwei Herolde................................. B, C

Mitbewohner.................................. W

Gretchen..................................... G

Reporter/in.................................. R

Bürgermeister/in............................. BM

Stimme am Telefon............................ T

Vorspiel auf dem Trainingsplatz

Personen: Sponsor (Sp), Trainer (Tr) und Hans Faust (F)

Trainer und Hans stehen auf der Laufbahn und unterhalten sich. Aus den Gesten des Trainers kann man schließen, dass es sich um technische Details einer leichtathletischen Disziplin handelt. Ein Herr, Sponsor, tritt auf die beiden zu.

Sp   Ihr zwei an eu´rem Lieblingsort!

Ich dacht´ mir, dass ich euch hier finde.

Will auch nicht stören, doch geschwinde

erlaubt mir ein gewichtig Wort:

5   Die Spiele werfen ihren Schatten

auf dich und mich, auf unser ganzes Land.

So mein Besuch, ihn müsst ihr mir gestatten,

zu eu´rem Nutzen, das liegt auf der Hand.

Die Leute brauchen endlich einen Helden!

10   Was mich angeht, so liegt es nicht am Geld.

Just bei den Spielen sollte er sich melden,

und die zwei Jahre sind ja nicht die Welt.

Begeisterung von Holstein bis nach Bayern

ob der Erfolge, die jener dann erringt.

15   Man wird ihn ehren und man wird ihn feiern,

wenn unser Mann die Weltelite zwingt.

Ich seh´ auch schon die prall gefüllten Ränge,

das volle Stadion, begeisterte Gesänge.

Sie gelten uns und unserem Athleten

20   auf seinem Weg in den ewigen Hain.

Man hört Posaunen und Trompeten,

die deutsche Fahne weht im Sonnenschein.

F   Oh, etwas Geld, das würde mich sehr freu´n!

Ich könnte studieren

25   und auch mehr trainieren.

Bestimmt, ihr werdet´s nicht bereu´n.

Denn dieser Sport, er macht mir sehr viel Spaß!

Sprinten, stoßen, werfen und all das,

zu spüren deines Körpers Kraft,

30   auch wenn er noch nicht alles schafft.

Der Trainer legt Hans eine Hand auf die Schulter.

Tr   Nun gut, wir haben dich gehört,

doch unser Training ist gestört.

Lauf´ zum Schluss noch ein paar Runden.

Ich wäre dir auch sehr verbunden,

35   mir das Wort zu überlassen

in diesen Angelegenheiten.

Ich will mich damit selbst befassen,

kenn´ ich doch deine Fähigkeiten.

Hans wendet sich ab und läuft weg; der Trainer wendet sich nun dem Sponsor zu.

Nun hört euch meine Meinung an!

40   Mit Geld allein ist´s nicht getan.

Ihr Angebot ist gut und schön,

er hätt´s auch sicher gern geseh´n.

Doch glaubt mir, er ist nicht der Mann,

der die Erfolge bringen kann.

45   Auch wenn er Landesmeister ist,

bleib´ ich, sein Trainer, Realist.

Er hat Talent, gar keine Frage,

doch nicht genug, mein Argument.

Ich kenn´ ihn ja schon ein paar Tage

50   und wünsch´ ihm kein Experiment.

Zu guter Letzt, ihr müsst versteh´n,

ich muss das große Ganze seh´n:

Wenn er noch mehr als jetzt trainiert,

um die Erfolge zu erringen,

55   er vielleicht die Lust verliert.

Das fürchte ich vor allen Dingen.

Sp Es spricht für euch, dass ihr so denkt,

doch kann ein Trainer alles wissen?

Überzeugung hat mich her gelenkt

60   und auch mein Gewissen.

Ich glaube, er ist unser Mann,

bin überzeugt, dass er das kann.

Und so denken alle,

weshalb in diesem Falle

65   das letzte Wort noch nicht gesprochen.

Ich komme wieder in zwei Wochen,

und dann wird man weiterseh´n!

Der Sponsor verabschiedet sich und geht weg. Er spricht zu sich:

Die Chance lass´ ich mir nicht entgeh´n!

Das hätte ich niemals gedacht,

70   dass der solche Zicken macht.

Entscheidet über seinen Kopf!

Ein wahrlich vorzeitlicher Zopf!

Es nützt kein Jammern, hilft kein Klagen

und am wenigsten: Verzagen!

75   So schnell, mein Freund, geb´ ich nicht auf!

Ich hol´ ihn mir, verlass´ dich drauf.

Wenn nötig auch mit einer List.

Zum Teufel, so ein Pessimist!

Prolog im Olymp

Personen: Zeus (Z), Apollon (Ap), später die drei Herolde (Harald (H), B und C

Apollon (Ap) und Zeus (Z) sitzen nebeneinander und beobachten die Menschen auf der Erde.

Ap   Schau nur, wie die Menschen leben!

80   Wo ist der Hauch der alten Zeit?

Wie sie hasten, wie sie streben.

Ist es nur Unwissenheit?

Wollen die Menschen echt versuchen,

und uns´re Erde ganz zerstören?

85   Dann sollten wir sie gleich verfluchen:

In den Hades sie gehören!

Ich weiß, du siehst´s mit ander´n Augen,

bist Optimist und glaubst daran,

dass die Menschen etwas taugen,

90   nur weil sie dein Untertan.

Über Tausende von Jahren

hat die Geschichte doch gezeigt:

Die Menschheit hängt am seidenen Faden,

ist sich selbst nicht zugeneigt!

95 Sie wächst und wächst, nimmt alles in Besitz

und ignoriert die Macht der Elemente:

Feuer, Wasser Erde, Blitz,

wagt nach wie vor Experimente.

Sag´ an, mein Zeus, mein Vaterherz,

100 erfüllt es dich nicht auch mit Schmerz,

zu seh´n, wie dein Schiff untergeht?

Z   Du übertreibst! S´íst nicht zu spät!

Darfst nur den Glauben nicht verlieren,

und deine Meinung revidieren.

105 Die Menschheit weiß genau was geht!

Sie müht sich brav zu existieren,

will selbst Gutes reformieren.

Die Erde ist doch ihr Planet!

Immer lauter werdendes Stimmengewirr ist zu vernehmen, wodurch die Unterhaltung gestört wird.

Dieser Lärm ist unerhört!

110 Schau doch mal nach, wer so dreist stört!

Apollon steht auf, öffnet das Tor, sieht hinaus und ruft:

Ap   Herolde sind´s. Zwei mit und einer ohne Bart,

wie jedes vierte Jahr.

Sie streiten sich auf ihre Art,

wie ein altes Ehepaar.

115   Z   Lass´ sie herein, ich will sie hören,

damit sie uns nicht länger stören.

Und wehe, sie haben nichts zu sagen,

dann werd´ ich sie zum Teufel jagen!

Die Herolde (H; B; C) kommen, immer noch diskutierend, in den Saal, treten vor Zeus hin und verbeugen sich demütig.

Was soll der Lärm vor meinem Saale?

120   Habt ihr´s noch immer nicht gelernt?!

Noch einmal so eine Randale

und ihr werdet prompt entfernt.

Jetzt ist Zeit euch zu besinnen

und mit „Benehmen“ zu beginnen.

125   Ihr seid schließlich nicht irgendwo,

und ich dulde keine Show!

Nun sprecht! Warum kommt ihr zu mir?

Und gleich zu dritt! Was wollt ihr hier?

Harald tritt zwei Schritte vor.

H   Die Spiele steh´n nun vor der Türe,

130   die Zeit ist reif für Wettgesang.

Entworfen ist schon die Broschüre,

die entflammt den Tatendrang.

Herold B tritt ebenfalls zwei Schritte vor.

B   Mann und Jüngling gleichermaßen,

von Mut und Ehrgeiz angespornt,

135   bevölkern allerorts die Straßen,

wetteifern, wer am besten formt…

Nun tritt auch Herold C zwei Schritte vor.

C   …die Arme, Beine, Muskelstränge,

damit sie stark und feste sind.

Sie buhlen um das Lob der Menge,

140   und sind für alles and´re blind.

Z   Was gaukelt ihr mir hier denn vor?

Die Spiele sind doch längst vergessen.

Dass ich euch dennoch leih´ mein Ohr,

steht ganz allein in mein´m Ermessen

145   denn es erinnert mich an Zeiten,

als dies geschah zu meiner Ehr´.

Nun scheint mir alles zu entgleiten,

die Tempel bleiben menschenleer.

Einst kamen sie aus allen Landen,

150   alle pünktlich zum Termin,

mich zu ehren, und sie standen

ihren Mann in ihrer Disziplin.

Wagenrennen, Diskuswerfen,

Faustkampf und der Waffenlauf

155   strapazierten alle Nerven,

Tränen flossen meist zuhauf.

Sehr gerne denke ich zurück

an all die Mühen und Strapazen.

Für einen Augenblick des Glücks

160   die Sportler alles sonst vergaßen.

Denn welches Glück empfand der Sieger,

dem der Ölzweig kam auf´s Haupt.

Mehr bejubelt als ein Krieger,

war ihm fortan stets erlaubt,

165   zu tun und lassen, was er wollte,

und in der Polis überhaupt

ihm jeder Ehrerbietung zollte.

H   Es gibt kein´ Grund zu lamentieren,

     die Spiele wurden neu entdeckt.

170 Niemand kann sie ignorieren,

     die ganze Welt ist angesteckt

     fiebert nach Medaillenrängen

     und den hymnischen Gesängen.

Z   Wenn das alles wirklich wahr

175 und in jedem vierten Jahr,

     Olympias Geist wird neu entzündet

     und er in fairen Wettkampf mündet,

     will ich mich daran sehr erfreuen,

     an den Spielen, auch den neuen.

180 Doch wo gibt´s heute noch den Mann,

     dessen Ehrgeiz ist geweckt,

     einmal zu zeigen, was er kann,

     was in ihm noch drinnen steckt?

H   Ich kenn´ da einen, ein spezieller Typ,

185   der würde wirklich alles tun.

Zurzeit ist seine Stimmung trüb,

doch er ist keineswegs immun

gegen jede Art Versuchung.

B   Fürchtet er nicht die Verfluchung,

190   wenn er unerlaubte Dinge

einnimmt, und dann kommt es ´raus?

Da knüpft er sich doch eine Schlinge

und mit der Karriere ist es aus.

C   Ich halte nichts vom Übertreiben,

195   man hat Talent oder lässt es bleiben,

sich mit anderen zu messen.

Das ganze Zeug kann man vergessen.

Gefährlich ist es außerdem,

und der Athlet hat ein Problem,

200   denn Pillen, Pulver und auch Spritzen

bleiben in dem Körper sitzen.

Bald gewöhnt er sich daran,

bis er nicht mehr „ohne“ kann.

Das ist der ganze Ruhm nicht wert,

205   besser, er lebt unbeschwert.

     H   Du kennst Olympioniken schlecht,

         sie wollen siegen und sonst gar nichts.

         Jedes Mittel ist dann recht,

         zu steh´n im Schein des Rampenlichts.

210 B   Was sagt denn Vater Zeus dazu?

         Was hält er von den Methoden?

     Z   Ach, lasst mich damit doch in Ruh´.

         Ich halte nichts von neuen Moden.

         Olympias Geist ist hoch zu halten,

215   Ehrlichkeit muss darin walten.

         Der bess´re Sportler soll gewinnen,

         nicht die bessere Arznei.

         Was soll sich daraus noch entspinnen,

         das gleicht sonst bald der Hexerei.

220 B   Ein echter Sportler hat Gewissen,

         verabscheut jeden Trug.

         Er wird trainieren, sehr beflissen!

Nichts anderes, und das ist auch klug!

C   Wer nun recht hat von euch zwei

225   ist mir beinah´ einerlei.

Warum wollt ihr´s nicht selber testen?

Welche Mittel sind die besten,

um als Sieger dazusteh´n?

Um´s Gold seh´ ich sie alle fleh´n,

230   ob aus Osten oder Westen,

´ne Medaille woll´n sie seh´n.

Z   Ich geb´ euch hiermit die Erlaubnis

für eine Wette dieser Art.

Doch, ich bin mir ganz gewiss,

235   dass sich Ehrlichkeit bewahrt.

H   Schon gut! Nur dauert es nicht lange   330

Mir ist für diese Wette gar nicht bange.   331

Wenn Gier nach Ruhm ist riesengroß,

wird Ehrlichkeit bedeutungslos.

Im Wohnraum des Athleten

Personen: Hans, Freund (W) des Athleten

Hans ist zunächst allein in seinem Zimmer, das mit Sportgeräten vollgestellt ist.

240 F   Habe nun, ach! Kugel, Diskus und auch Speer

geworfen bis zum „Geht nicht mehr",

bin gelaufen und gerannt,

sprang weit und hoch – auch mit dem Stab,

war manchmal völlig ausgebrannt,

245   weil ich stets das Beste gab.

Mein Bestes, leider nicht genug,

um aufzuspringen auf den Zug,

der mich zu höchsten Zielen führt

und international zum Sieger kürt.

250   Ich trete lang schon auf der Stelle.

Es geht nicht weiter, nicht nach vorn.

Zu hoch ist wohl für mich die Schwelle,

Verzweiflung spür´ ich und auch Zorn.

Warum bin ich nur Mittelmaß?

255   Warum hab ich nicht teil am Spaß,

bin nicht Teil der Weltelite?

Wenigstens auf einem Gebiete

möcht´ ich mal was Großes leisten,

Rekorde brechen, Karriere machen

260   und einen Begeisterungsturm entfachen.

Der WG-Partner tritt ein

W   Hallo! Ich hörte dich laut reden

und sehe, du bist doch allein,

es gibt keinen zu befehden,

so komm´ ich einfach mal herein.

265   In deinem Zimmer sieht es aus

wie in einem Studio.

Du kennst dich mit Geräten aus,

das macht dich sicher richtig froh.

F   Lass´ gut sein, denn es trügt der Schein.

270   All das Zeug hier taugt allein,

um Illusionen hoch zu halten,

letztlich bleibt alles beim alten.

W   Du hattest doch schon viel Erfolg!

Was willst du denn noch mehr?

275   Beneiden tut dich manches Volk.

F   Doch meine Taschen bleiben leer.

Was du so Erfolge nennst,

das ist doch gar nichts im Vergleich

zu Sportlern, die ein jeder kennt,

280   die auch an Ruhm und Ehre reich.

W   Du bist heut´ wirklich kaum zu leiden.

Es scheint, der Ehrgeiz frisst dich auf.

Wenn du nicht lernst, dich zu bescheiden,

nimmt das Unglück seinen Lauf.

285 F   Bescheidenheit ist eine Zier,

die nicht jeder nennt sein eigen.

Wenn du nicht kennst die große Gier,

dann belasse es beim Schweigen.

Zwei Seelen wohnen, ach! In meiner Brust,   1112

290   die eine sehnt sich zwar nach Ruhe,

doch an der andern nagt der Frust

und fordert, dass ich etwas tue.

W   Dann solltest du das Haus verlassen

und in die Frühlingssonne geh´n.

295   Es wimmelt schon in allen Gassen,

es treibt sie, die Natur zu seh´n.

Die Menschen sind des Winters müde,

der sie eiskalt gefangen hielt.

Und die Stimmung, die meist trübe,

300   hat sich in Bälde ausgespielt.

Luft und Sonne sind Arzneien,

die selten ohne Wirkung sind.

Auch dich werden sie befreien

aus dem gefühlten Labyrinth.

Frühlingsspaziergang

Personen: Hans, Freund, Harald mit Hund

Hans und Freund treten aus dem Haus auf die Straße.

305   W   Heut´ ist ein schöner Frühlingstag.

Der Winter ist endlich vorbei.

Ein Tag, wie ich ihn gerne mag,

zum Freuen und sonst allerlei.

Da fallen mir jetzt Verse ein,

310   die ich einst lernen musst´,

von Bächen, Farben, Sonnenschein,

von Blüten, Tanzen, Frühlingslust.

Was du gelernt in jungen Jahren,

das wird mir soeben sehr bewusst,

315   wirst im Gedächtnis du bewahren

und erleidet nie Verlust.

Mit Stolz im Herzen und Freude im Gesicht

deklamiere ich dir ein Gedicht,

das aus Goethes Feder stammt,

320   „Osterspaziergang" wird´s genannt.

Beide gehen langsam nebeneinander her.

Vom Eise befreit sind Strom und Bäche   903

Durch des Frühlings holden, belebenden Blick;

Im Tale grünet Hoffnungsglück;   905

Der alte Winter, in seiner Schwäche,

325   Zog sich in raue Berge zurück.

Von dort her sendet er, fliehend nur

Ohnmächtige Schauer körnigen Eises

In Streifen über die grünende Flur   910

Aber die Sonne duldet kein Weißes;

	Überall regt sich Bildung und Streben,	
330	Überall regt sich Bildung und Streben,	
	Alles will sie mit Farben beleben;	
	Doch an Blumen fehlt's im Revier,	
	Sie nimmt geputzte Menschen dafür.	915
	Kehre dich um, von diesen Höhen	
335	Nach der Stadt zurückzusehen.	
	Aus dem hohlen finstern Tor	
	Dringt ein buntes Gewimmel hervor.	
	Jeder sonnt sich heute so gern.	920
	Sie feiern die Auferstehung des Herrn,	
340	Denn sie sind selber auferstanden,	
	Aus niedriger Häuser dumpfen Gemächern,	
	Aus Handwerks- und Gewerbesbanden,	
	Aus dem Druck von Giebeln und Dächern,	925
	Aus der Straßen quetschender Enge,	
345	Aus der Kirchen ehrwürdiger Nacht	
	Sind sie alle ans Licht gebracht.	
	Sieh nur, sieh! Wie behänd sich die Menge	
	Durch die Gärten und Felder zerschlägt,	930
	Wie der Fluss, in Breit' und Länge,	
350	So manchen lustigen Nachen bewegt,	
	Und bis zum Sinken überladen	

Entfernt sich dieser letzte Kahn.

Selbst von des Berges fernen Pfaden   935

Blinken uns farbige Kleider an.

355   Ich höre schon des Dorfs Getümmel,

Hier ist des Volkes wahrer Himmel,

Zufrieden jauchzet groß und klein;

Hier bin ich Mensch, hier darf ich's sein.   940

Hans schlägt seinem Freund anerkennend auf die Schulter.

F   Das hast du prächtig rezitiert.

360   Selbst Goethe hätt' es imponiert.

Muss ehrlich sagen: „grand chapeau!"

Ich danke dir für diese Show.

Freund erwidert die Geste.

W   In solcher Stimmung, lieber Freund

waren wir noch nie vereint.

365   Lass' uns nun des Weges geh'n,

um den Frühling anzuseh'n.

Lass' uns die Natur genießen,

sehen, wie die Knospen sprießen.

Lass' uns diese Frühlingsluft

370   atmen, tief in uns'rer Brust,

spüren, wie tausende von Farben

vertreiben uns´re Winternarben,

sehen, wie die Menschen tanzen,

wie sie lachen, wie sie scherzen!

375 F Ich habe nichts an all dem Ganzen!

Kann diese Freuden leicht verschmerzen;

bin lieber auf der Tartanbahn

und meide jeden Schlendrian.

Will lieber noch Rekorde brechen.

380 W Mein Freund, das könnte sich noch rächen!

Die Jugend, dieses höchste Gut....

F ....Dein Argument, das kenn ich gut.

Ich weiß auch deinen Rat zu schätzen

und will dich keinesfalls verletzen,

385 doch glaube ich, ganz frei heraus:

Du bist aus einem ander´n Haus.

Du hast wohl niemals Sport gemacht,

gespürt, was Leistung mit dir macht,

das Wohlgefühl nach großer Qual,

390   den Willen formen, wie aus Stahl,

im Wettkampf and´re zu besiegen,

mit Höchstleistungen vorne liegen

und diese sogar noch zu steigern…

W   ….Da hast du recht, ich würd´ mich weigern.

395   Freiwillig Qualen akzeptieren

und dies sogar noch zu trainieren,

nein, lieber Freund, das könnt´ ich nicht!

Ich lese lieber ein Gedicht,

gehe mit Freunden ins Theater,

400   verzichte gern auf Muskelkater,

Zerrung, Stress und all´ die Sachen,

die keinem Menschen Freude machen.

Doch schau nur, diese Blütenpracht

und was sie aus den Menschen macht!

405   Alle sind erfreut, bewegt,

sind vom Frühlingsglück erregt.

Und sieh doch dort im Hintergrund!

Freund zeigt mit der Hand in die Richtung.

Ist das nicht ein schöner Hund?

Selbst er ist außer Rand und Band,

410 ist ständig hin- und hergerannt,

um den Frühling zu begrüßen

und das Dasein zu genießen.

Hör´ auch der Vögel Chorgesang!

F Ich hör´s, ich hör´s, doch mir wird bang!

415 Mit Hunden hab´ ich nichts im Sinn,

zumal ich etwas ängstlich bin.

Es kommt immer näher, dieses Tier…

W Das macht doch nichts, ich bin ja hier!

Mich hat noch nie ein Hund verletzt.

420 Ein schönes Tier, das seh´ ich jetzt!

Der Freund hockt sich hin und streckt eine Hand in Richtung des Hundes aus.

Komm, komm her, ja, komm zu mir!

Ein Prachtkerl ist´s, das sag ich dir!

Ja, brav, mein Großer, so ist´s gut.

Der Freund wendet sich dem etwas abseits stehenden Hans zu.

Siehst du jetzt, dass der nichts tut?

425 Kannst ihn ruhig streicheln, diesen Hund,

für Ängstlichkeit gibt´s keinen Grund.

Habe nur ein wenig Mut!

Hans tritt vorsichtig an den Hund heran und streichelt ihm zaghaft über den Rücken.

Ja, so ist´s recht!

Das ist nicht schlecht,

430   das machst du gut!

Der Hundebesitzer, Harald, (H) kommt hinzu.

H   Nun sieh dir den Schlawiner an!

Ihr beide habt´s ihm angetan.

435   Er sah euch aus der Ferne schon

und eins, zwei, drei, war er davon.

Hans hat inzwischen Zutrauen zu dem Hund und streichelt ihn.

Nun sieh doch, wie dein Freund ihn drückt!

Ist es zu glauben, nicht verrückt?

Ich denke fast, er hat ihn gern.

440 W   Hunde! Nein, die sind ihm fern,

hat er gesagt vor drei Minuten.

Zum Weggeh´n wollte er sich sputen.

Nun sitzt er hier

vor diesem Tier!

445   Das hätte ich niemals gedacht.

F   Ich auch nicht, dass es Freude macht.

Mich fasziniert sein sanftes Wesen.

So nah war mir kein Tier gewesen,

dazu so muskulös und seidig,

450   so kräftig und doch so geschmeidig.

Der hat all´ das, was mir noch fehlt

und was im Sport vor allem zählt.

H   Ach! Sportler bist du, interessant.

Ich bin ja früher auch gerannt.

455   Ohne Erfolg, das muss ich sagen,

so sehr ich wünscht´ an manchen Tagen,

ein wenig Popularität.

Nun gut, jetzt ist´s ohnehin zu spät.

Ich hab´ mit Herzog, meinem Freund,

460   schon so viele Preise abgeräumt,

wovon ich früher nur geträumt.

Im Tierheim hab´ ich ihn gefunden.

Dort lag er ´rum mit andern Hunden,

ganz dürr und matt und ohne Kraft

465   sein ganzer Körper ohne Saft.

Er sah unendlich traurig aus.

´Ich bin ein Star, hol´ mich hier raus´,

so sahen mich seine Augen an.

Ich hab´s zum Glück dann auch getan.

470   Ich nahm ihn zu mir, wie er war,

hab´ ihn gepflegt und auch trainiert.

Seit Jahren ist er nun ein Star,

hat viele Menschen fasziniert,

bei Wettbewerben, Hundeshows,

475   sogar beim Film ist er ganz groß.

Vielleicht habt ihr ihn schon geseh´n.

F   Das alles möchte´ ich gut versteh´n.

Aus einem Hund, ganz ohne Kraft,

habt ihr dies Exemplar geschafft!

480   Das ist wie Zauber, Hexerei.

Den Wandel bringe er mir bei!

Vielleicht kann ich daraus noch lernen.

H   Die Lösung steht nicht in den Sternen.

Wenn ich dich informieren sollt,

485   will dafür weder Geld noch Gold,

dann komm´ ich in den nächsten Tagen

zu dir. Dann kannst du mich befragen.

Hans erfreut

F   Da schlag ich ein!

Hans und Harald gemeinsam

HF   Das war bezweckt!

490   Es interessiert mich ungemein,

worin das Geheimnis steckt,

das meine Neugierde geweckt.

Der Freund, schon eine ganze Weile ungeduldig, spricht Hans an.

W   Nun ist es gut! Es wäre schön,

wenn wir noch etwas weiter geh´n.

495   Bis zum Waldrand und zurück,

und vielleicht, mit etwas Glück

spielt im ´Dorfkrug´ noch Musik.

Hans und sein Freund verabschieden sich von Harald und dessen Hund.

F   Das ist mir recht! Ich bin dabei!

Fühl´ mich auf einmal richtig frei.

500   Was heut´ geschieht ist einerlei!

Verspüre einen Grund zu feiern.

Er wird das Wunder mir entschleiern.

Vereinbarung

Personen: Hans und Harald im Zimmer des Athleten. Es klopft!

F   Herein, herein! Wer will mich sprechen?

Harald öffnet die Tür und tritt ein.

H   Ich bin´s! Ich gab dir mein Versprechen.

505   Du wolltest mich doch wiederseh´n.

Ist irgendwas mit dir gescheh´n?

F   Ich wünscht, ich könnte etwas sagen,

was sich zu sagen lohnt.

Doch an all den vielen Tagen

510   lief alles wieder wie gewohnt.

Ich mache, was mein Trainer sagt,

und merke doch, wie er verzagt.

Er traut mir einfach nicht <u>mehr</u> zu,

egal, was immer ich auch tu.

515 Ich höre von ihm nie ein Wort,

das mich ermuntert, in dem Sport

ja nicht die Hoffnung zu verlieren.

Er sollte mich mehr motivieren.

Ich will dem Kader angehören

520 und mit zu den Spielen eilen.

Will die Jubelrufe hören,

die alle Seelenqualen heilen.

Harald tritt weiter ins Zimmer hinein.

  H Ich sehe, du willst viel erreichen

und suchst verzweifelt einen Sieg.

525 Dein Gram lässt einen Stein erweichen,

du führst da einen schweren Krieg.

Um zu gewinnen, brauchst du Waffen,

die nicht leicht sind zu erwerben.

Ich könnte sie für dich beschaffen.

530 Sie stärken dich in Wettbewerben.

Hans sieht Harald interessiert an:

F   Was ist mit diesem Rätselwort gemeint?   1337

H   Es interessiert dich, wie es scheint.

F   Von welchen Waffen redest du?

     Ich trainiere immerzu.

535 Was könnte ich denn sonst noch machen?

     Mein Eifer ist ja bald zum Lachen.

     Selbst im eigenen Verein

     spotten manche insgeheim,

     halten mich für überdreht.

540 H   Du bist doch aber ein Athlet!

     Und bist zwar gut, doch reicht das nicht.

     Was du brauchst, ist Zuversicht.

     Dein Körper braucht ein Elexier.

     Wenn du willst, so geb´ ich´s dir.

545 Damit kannst du jeden schlagen.

     Schlägt nur wenig auf den Magen.

     Ein paar Tropfen jeden Tag,

     niemand wird davon was merken.

     Es wird dich aber deutlich stärken.

550   Das ist doch üblich, heutzutag.

F   Das hört sich sehr verlockend an,

      doch sicher ist ein Haken dran.

      Das ist gewiss doch nicht erlaubt.

      Mein Trainer hat mir stets vertraut.

555   Für Sportler gelten strenge Regeln,

      an die ich mich stets hab´ gehalten.

H   Dann bleibt es eben bei den alten

      Ergebnissen, die du erzielst.

      Dann sei aber auch nicht ungehalten,

560   wenn du nie ganz oben spielst.

Gedankenpause

F   Nun gut, ich werde es probieren,

      auch wenn ich voller Zweifel bin.

      Ich muss mein Fortkommen forcieren.

      Gib her! Bevor ich mich besinn´.

Hans ergreift das dargereichte Fläschchen und nimmt ohne Zögern einen Schluck.

565 H   Gewiss, du wirst es nicht bereuen,

        ich habe nicht zu viel gesagt.

        Bald wirst du dich daran erfreuen.

        Gewinnen kann nur, wer was wagt.

        Nur bitt´ ich dich um das Versprechen,

570   dass du niemandem davon erzählst.

        Zwar ist das alles kein Verbrechen,

        doch nur du bist auserwählt,

        das Menschenmögliche zu zeigen,

        dann werden alle sich verneigen.

575 F   Darauf kannst du dich verlassen.

        Es wär´ ein Traum, der sich erfüllt.

        Ich kann das alles noch kaum fassen,

        Verstand und Herz fast überquillt

        bei dem Gedanken, dass ich siege

580   über die Besten dieser Welt

        und am Ende dieser Spiele

        auf das Siegerpodium - mich stellt.

     H   Zu diesem Augenblicke wirst du sagen: (1699)

        Verweile doch! du bist so schön!   1700

585   und in den zukünftigen Tagen

     wirst du daran zugrunde geh´n.

Auf dem Trainingsplatz

Personen: Trainer und Hans, später kommt der Sponsor hinzu.

Trainer und Hans stehen nach dem Training noch beisammen; Besprechung

Tr   Ich habe mir die Trainingspläne

     der letzten Jahre angeseh´n.

     Mit großer Freude ich erwähne,

590   es ist für mich ein Phänomen!

     Du hast dich praktisch überall

     verbessert, hast in jedem Fall

     im Sprint und Wurf ´nen Sprung gemacht.

     ich hab´s gehofft, doch nie gedacht.

595   Dazu mit einer Leichtigkeit,

     wie ich sie bei dir nie geseh´n.

     In dieser Form bringst du´s noch weit,

     da kann noch einiges gescheh´n.

Wenn du willst, wir können´s testen,

600   ob du im Weitsprung zu den Besten

schon gehörst und wenn´s gelingt…

F   …Ich möchte das nicht unbedingt!

Viel lieber möcht´ ich noch trainieren

ganz vieles erst noch ausprobieren,

605   und wenn ich damit fertig bin,

steht mir nach Wettkampf auch der Sinn.

Dann hab´ ich erst die Sicherheit,

die ich mir wünsch´, der ich bedarf,

verdränge meine Eitelkeit,

610   bin nicht auf schnelle Siege scharf.

zu sich selbst   Will noch ´ne Weile kontrollieren,

ob sich das Mittel auch bewährt.

zum Trainer   Ich muss mental erst noch kapieren,

dass es mit mir aufwärts geht.

615   Seit Ostern fühl´ ich mich viel stärker,

kann trainier´n wie ein Berserker

und fühl´ mich nachher trotzdem gut,

richtig frisch und ausgeruht.

Im Kraftraum, dieser Folterkammer

620   packte mich stets der größte Jammer.

Bankdrücken und Gewichte ziehen,

hundert Kilo auf den Knien,

das ist nun Gott sei Dank vorbei…

     Tr   Sie macht dir Spaß, die Plackerei.

625   Das habe ich schon registriert.

Du bist ganz anders disponiert.

Dann woll´n wir auch nichts übereilen.

An vielem ist auch noch zu feilen:

Stabhoch, Hürden und auch Speer,

630   ich glaub´ da kannst du noch viel mehr.…

Der Sponsor tritt hinzu, unterbricht

     Sp   Tach´ die Herrn, so wie versprochen,

komm´ ich wieder mal vorbei.

Was ich gesagt vor ein paar Wochen:

Mein Angebot, es steht euch frei!

635   Wir sollten uns zusammensetzen,

zum Trainer gewandt

uns gegenseitig nicht vergrätzen,

sondern in Ruhe unterhalten.

Die Dinge sollen sich entfalten.

zu Hans gewandt

Wie geht es euch, vor allem dir?

640 Du bist von uns der Wichtigste!

Um das zu fragen, bin ich hier.

Zu beiden Ich halte es für das Richtigste

mit euch beiden zu verhandeln.

Wir formulieren den Vertrag

645 und brauchen ihn nicht mehr zu wandeln.

Trainer zum Sponsor

Tr Lass´ uns das doch zu zweit beraten!

Er versteht nichts von diesen Dingen.

Man kann´s von ihm auch nicht erwarten.

Der Vertrag soll wohlgelingen…

zu sich

650 …und soll mir schließlich auch was bringen.

Wir werden Klauseln formulieren,

die mir Anteil garantieren,

an allem, was er nun gewinnt.

Ich denk´, das hab´ ich auch verdient!

655   Wir werden es intern beschließen.

        Seit Jahren ist er mein Athlet,

        hab´ ihn betreut von früh bis spät,

        war auch in seinen Niederlagen

        für ihn da, war sozusagen

660   sein bester Freund in vielen Stunden.

        Hab´ dies zwar nie als Last empfunden,

        doch wenn in Zukunft Gelder fließen,

        will auch ich davon genießen!

zum Sponsor

        So lasst uns jetzt in Lettern gießen,

665   gemeinsam den Vertrag beschließen.

        Ich denke mir, dass er viel nützt

        und will mit Goethes Worten sagen:

        Denn, was man schwarz auf weiß besitzt,   1966

        kann man getrost nach Hause tragen.   1967

670   F   Mir ist´s schon recht, wenn ihr das macht.

        Hab´ mir das selbst schon so gedacht

        und mit Geschäften nichts im Sinn.

        Fahre lieber nach Haus´ und leg´ mich hin.

zu sich selbst   Ich sag´s nur so, bin ja nicht platt.

675   Fahre gern noch in die Stadt.

Gehe nochmal in die Bar,

in der ich vor zwei Tagen war.

Man soll sich schließlich ´mal was gönnen!

Nicht nur stets im Kreise rennen.

680   Und nicht zuletzt, ich muss gesteh´n:

Die Kellnerin ist wunderschön!

Gretchenepisode

Personen: Harald, Hans zunächst auf der Straße, später Gretchen (G)

F   Wie sieht´s mit deinem Hunger aus?

Verlangt es dich nach einem Schmaus?

H   Ich könnte wahrlich was vertragen.

685   Es rumpelt schon in meinem Magen.

F   Hier in der Näh´ gibt's ein Lokal.

Es ist versteckt in einem Keller.

Ich war schon dort, so zwei- dreimal,

trank ab und zu ´nen Muskateller.

Kleine Pause, beide gehen nebeneinander her.

Hans und Harald stehen vor dem Eingang.

690   H   Das ist ja ziemlich gut versteckt,

doch Hauptsache, das Essen schmeckt.

Im Lokal, Hans und Harald sitzen am Tisch

Wir brauchen was zu Essen und zu trinken,

ich werd´ mal der Bedienung winken.

Gretchen kommt an den Tisch.

G   Den Herr´n wünsch´ ich einen guten Tag.

695   Hier geb´ ich Ihnen unsere Karte.

Bis sie gefunden, was ein jeder mag,

bleib´ ich am Tresen und erwarte,

dass Sie mir Ihre Wahl mitteilen…

H   Sie müssen doch nicht gleich enteilen.

700   Es ist doch recht gemütlich hier.

Erstmal bringen Sie uns zwei Bier.

Bis dahin schau´n wir hier mal rein,

was die Küche hat zu bieten.

Gretchen geht ab.

zu Hans   Dass wir hier hereingerieten,

705   scheint 'ne gute Wahl zu sein.

       F   Wähl' du nur aus,

            mir ist's egal.

            Ich war schon oft in dem Lokal.

            Es ist ein wirklich gutes Haus.

710   H   Dann sag mir doch, ob Fleisch, ob Fisch,

            vorausgesetzt, der ist auch frisch.

Hans antwortet nicht.

            Was ist? Hat's dir die Sprach' verschlagen?

            Fehlt es dir an Wohlbehagen?

            Du wirkst so komisch, sagst kein Wort,

715   Willst du vielleicht lieber fort?

       F   Nein, nein, ich möchte gerne bleiben

            und möglichst lange hier verweilen.

            Ich weiß nicht, was mit mir gescheh'n,

            seit ich das Mädchen hab' geseh'n.

720   Sie ist so freundlich, so adrett.

            Mit Grazie trägt sie das Tablett,

            ich möchte sie gerne kennenlernen.

H   Ich fürcht´, du greifst da nach den Sternen.

Sie ist bestimmt schon längst vergeben

725   und passt auch nicht zu deinem Leben.

Drum fange sowas gar nicht an.

F   Du als Freund und als Mann

wirst auch meinen Wunsch versteh´n,

mal etwas anderes zu seh´n,

730   als immer nur den Trainingsplatz.

H   Für dich gibt´s dafür kein´ Ersatz!

Doch seh´ ich an deinem Benimm,

du bist verliebt, und das ist schlimm.

Gedankenpause

Sei´s drum, dann sprich sie einfach an.

735   Du wirst schon merken, ob sie dann

ein Treffen in Erwägung zieht.

Wenn nicht, beißt du auf Granit.

F   Ich kann das nicht, was soll ich sagen?

Ich kann sie doch nicht einfach fragen.

740 H   Nur zu! Da kommt sie mit dem Mahl.

Hans zögernd

F   Ich warte lieber, bis ich zahl´.

Gretchen serviert das Essen

H   Wir danken! Das sieht lecker aus.

Sie arbeitet schon lange in dem Haus?

G   Ja, seit beinah´ einem Jahr,

745   gehör´ schon fast zum Inventar.

H   Und? Gibt es keine freie Zeit,

um auszugehen, mal zu zweit?

G   Das kann ich mir nur selten leisten.

Doch macht die Arbeit mir auch Spaß.

750   Bin zufrieden in dem Maß,

das ich für mich wünschen kann.

Brauche deshalb keinen Mann.

Kann alleine für mich sorgen,

muss mir seitdem nichts mehr borgen.

755   Verdiene hier mein eigen Geld.

Das reicht aus für meine Welt.

Frau Wirtin ist recht lieb und nett,

hab´ hier mein Zimmer und mein Bett.

Ich habe keinen Grund zu klagen.

760 Mehr gibt´s nicht über mich zu sagen.

Gretchen geht ab.

F Was für ein hübsches, liebes Mädchen,

das gibt´s nicht zweimal in dem Städtchen.

H Wenn du so stumm bleibst, wie grad eben,

wird es nie ´was mit euch beiden.

765 Willst du was mit ihr erleben,

musst du ihr schon deutlich zeigen,

dass sie dich sehr interessiert,

das gefällt ihr, garantiert.

F Warum sollt ich ihr denn gefallen?

770 Sie sagt doch, sie will keinen Mann!

H Das hört man oft, und oft von allen,

bis einer kommt, der es gut kann

sich ins rechte Licht zu rücken.

Der wird die Damen stets entzücken.

775 Jemand, um den man sie beneidet,

der sich von and´ren unterscheidet,

weil sein Tun von Erfolg gekrönt.

Daran sich jede Frau gewöhnt.

Denn seines Ruhmes heller Glanz

780   ist für sie ein Stimulans.

F   So hilf mir auch mit deiner Kunst,

dass ich erwerbe ihre Gunst,

dass bei dem Spiele mit der Minne

ich auch den Goldpokal gewinne.

Weltrekord

Personen: Hans, Reporter (R), Moderator (M)

TV-Sendung nach dem neuen Weltrekord durch Hans Faust

785 M Weltrekord! Weltrekord!

Wir lieben wieder diesen Sport.

Fantastisch, wie der Junge sprang,

der Stabhochsprung ihm gelang.

Zum Schluss die Mörderrunden,

790   und der Meister war gefunden.

Mit dieser Punktzahl, Mann o Mann,

fängt eine neue Ära an.

Wann hat es sowas schon gegeben?

Ein Glück, dass wir das miterleben!

795   Da schauen wir sehr gerne zu!

Sehen sie jetzt das Interview,

das er dem Reporter gab

nach dem Hochsprung mit dem Stab:

R   Speerwurf noch und fünfzehnhundert,

800   dann steht der neue Meister fest.

Doch die Punktzahl uns verwundert…

F   Ja, ich freu´ mich auf den Rest.

Hab´ viel trainiert, bin hier gestartet,

jedoch die Leistung nicht erwartet.

805   Noch nicht, vielleicht in einem Jahr,

rechtzeitig zu Olympia.

Die Punktzahl, jetzt, ist kaum zu fassen,

vierhundert mehr! Vor allen Assen!

So wage ich ein großes Wort:

810   Ich glaube, es wird Weltrekord!

R   Nun sind sie ja nicht ganz unbekannt,

vor allem hier, in unser´m Land,

doch mit diesem Punkteschnitt

sind sie für alle Favorit,

815   Gold zu holen nächstes Jahr,

beim Weltsportfest Olympia.

Wie schätzen sie ihre Chancen ein…

F   Ja, Favorit, das mag wohl sein,

darüber denk ich jetzt nicht nach.

820   Zunächst genieß´ ich diesen Tag.

Erst danach will ich weiterseh´n.

Kann ja selbst noch nicht versteh´n,

einen solchen Wettkampf zu bestreiten,

dazu noch ohne groß zu fighten.

825   Es hat sich einfach so ergeben,

hab´ oft gedacht, ich würde schweben.

Zwei Disziplinen steh´n noch aus.

Bin zuversichtlich, ja durchaus!

Doch sie müssen erst gelingen,

830   muss gute Leistungen vollbringen,

dann steht der Weltrekord erst fest

und ich ganz oben, auf <u>dem</u> Podest.

R   Ich danke für das Interview,

so zwischendurch – das kommt hinzu!

835   Nun viel Erfolg, gutes Gelingen

und Weltrekord, vor allen Dingen!

Hans allein in seinem Zimmer

F   Nun sitz´ ich hier, ich armer Tor   (358)

und bin so einsam wie zuvor.   (359)

Habe ja nur meinen Sport

840   und darin jetzt den Weltrekord.

War Haralds Mittel der Support?

Hätt´ ich ohne seinen Saft

diese Leistung auch geschafft?

Was solls? Nach jahrelangem Streben

845   hat sich das jetzt für mich ergeben.

Ich bin der Beste auf der Welt,

hab´ acht Bestleistungen aufgestellt.

Den Weltrekord jetzt ich besitze,

stehe endlich an der Spitze.

850   Haralds Mittel hin und her

ist ganz bestimmt nur sekundär.

Werde mich selbst nicht denunzieren

und meinen Trainer informieren.

Warum denn auch? Er ist begeistert,

855   dass er als Trainer das gemeistert.

Und außerdem gibt´s den Vertrag,

dass ich es keinem weitersag´.

So bleiben letztlich alle froh,

die Leute, er, ichsowieso.

860   Nun könnte ich zufrieden sein,

doch leider sitz´ ich hier allein

und diese Abgeschiedenheit

erfüllt mich nicht mit Heiterkeit.

Glück wird vermutlich erst empfunden,

865   wenn man ein Pendant gefunden,

mit dem man Gefühle teilen kann.

Ich weiß, diese Kenntnis ist profan,

doch mir wird sie erst jetzt bewusst,

verspüre deshalb große Lust

870   mit Harald ins Lokal zu geh´n,

in dem ich die Kellnerin geseh´n,

die immer öfter meinen Sinn

erobert als Besucherin.

Ich freu´ mich jedes Mal auf´s neu´,

875   wenn ich sie seh´, doch ich bin scheu.

Drum: ganz zufrieden bin ich nicht,

zu sehen nur ihr Angesicht,

nur zu hören, wie sie spricht,

ihr golden Haar im Gegenlicht,

880   Augen, Lächeln, die Figur!

Harald hilf! Wie mach´ ich´s nur?

Ich halte es hier nicht länger aus.

Ich muss zu Harald, muss hier raus.

Vielleicht kann es mit ihm gelingen,

885   was ich mir wünsche zu vollbringen,

die Schüchternheit zu überwinden,

auf dass sich unsere Blicke finden,

zu einem ersten Brückenschlage.

Das wär für mich, ganz ohne Frage,

890   einer der aller schönsten Tage.

Eigentlich ist´s kaum zu fassen:

Ich bin Meister aller Klassen,

hab´ tausend Wettkämpfe bestritten,

muss nun den alten Knaben bitten,

895   mir bei der Eroberung zu helfen,

der schönsten aller schönen Elfen.

Das Rendezvous wird vorbereitet

Hans und Harald sitzen auf einer Bank

H   Was ist denn jetzt nur mit dir los?

Du sitzt hier wie ein Trauerkloß.

F   Ich bin nervös, und nicht zu knapp

900   und mache sicher viele Fehler.

H   Das ist doch alles papperlapapp,

der Anlass ist doch ein fideler.

Du hast dein erstes Rendezvous,

nach dem es dich so sehr verlangt.

905   Zu sagen wäre noch dazu,

dass du dich unlängst noch bedankt

dafür, dass ich das Wort ergriffen

und dieses Treffen arrangiert.

Die Wirtin hat auch gleich begriffen –

910 sah ihren Vorteil, ungeniert.

Denn wenn ein Gast mit Prominenz

ihr kleines Wirtshaus oft besucht,

so ärgert das die Konkurrenz,

während sie Gewinne bucht.

915 F Die Wirtin ist mir doch egal,

mir geht´s um Gretchen ganz allein.

H Sie schlägt daraus doch Kapital

und kam mit Gretchen überein,

dass sie sich heute mit dir trifft.

920 Denn ohne ihre Unterschrift

kommst du nie in Gretchens Kämmerlein.

F Davon ist doch nicht die Rede.

H Genau das willst du – stante pede!

Doch nun genug, sie muss gleich kommen.

925 F   Mir ist nicht gut, bin so benommen.

        Ich fürchte kläglich zu versagen.

     H   Willst du Erfolg, musst du es wagen.

        Das muss ich dir, dem Sportler, sagen?

     F   Das sind doch ganz verschied´ne Sachen

930 H   Nun gut, dann lass es mich nur machen.

        Ich werd´ im Hintergrund verweilen

        und geb´ dir Tipps, so hin und wieder.

        Nimm diesen Stöpsel in das Ohr,

        und liegt dein Wortschatz mal darnieder,

935   sag´ ich dir heimlich etwas vor.

     F   Wenn ich nicht mehr weiter weiß,

        dann will ich gerne auf dich zählen.

        Mir wird jetzt schon kalt und heiß,

        warum muss ich mich nur so quälen?

Das Rendezvous

Gretchen kommt, Hans geht ihr entgegen. Harald im Hintergrund

940 F   Ich freue mich sehr, dich zu sehen.

Gretchen gibt ihm die Hand

    G   Woll´n wir ein wenig spazieren gehen?

    F   Ja, gern! Dort drüben ist ein schöner Garten.

Sie gehen nebeneinander her

       Ich musst so lang´ schon darauf warten,

       mit dir einmal allein zu sein.

945 G   An einem solchen Sommertag

       Gibt´s nichts, was ich lieber mag,

       als hier zu zweit im Sonnenschein.

    H   *Siehst du, sie interessiert sich für dich!*

       Zu schau´n was alles grünt und blüht.

       Es gibt nichts Besseres für´s Gemüt.

950 F   Gewiss, alles ist so wunderschön,

       doch müsste ich´s alleine seh´n,

es würde mich nicht recht berühren.

Mit dir hingegen kann ich spüren,

dass alles in mir singt und klingt.

H *Das war Spitze, weiter so!*

955 G Auch ich fühle mich schon ganz beschwingt.

Bin auch ein wenig aufgeregt

und frage mich schon unentwegt,

was du mir heute sagen willst.

F Ach Gretchen, ich finde nicht die richt´gen Worte.

960 Als ich dich sah in dem Lokal,

zog es mich ständig zu dem Orte.

Im Traum sah ich dich viele Mal.

G Du hast doch kaum mit mir gesprochen.

F Doch! In Gedanken ununterbrochen.

965 G Und heute willst du mir was sagen?

H   *Dreh dich zu ihr hin, schau ihr in die Augen!*

F   Ich will und muss es endlich wagen.

Gretchen ergreift seine beiden Hände und hält sie fest.

G   Dann wage es! Sei für mich der Mann,

dem ich mich anvertrauen kann.

F   Das möchte ich von Herzen sein.

H   *Nun sag endlich, dass du dich in sie verliebt hast!*

970   F   Ich habe mich in dich verliebt, und weiß,

dass es für mich nur dich noch gibt.

G   Endlich fandest du den Mut

für dies Geständnis.

975   Das ist gut.

Hab´ so gehofft, dass du mir sagst,

dass du mich magst,

Sie umarmen sich und gehen eng umschlungen weiter.

Harald tritt aus den Gebüschen vor, spricht zum Publikum.

H   Für den Anfang war´s ganz schön

So habt ihr´s doch auch geseh´n.

980   Beide haben´s gut gemacht

und es wäre doch gelacht,

wenn ihre Herzen nach den Händen

nicht auch noch zueinander fänden.

Verabschiedung nach Olympia

Hans und Gretchen stehen in der Abflughalle gegenüber

F   Nun, Gretchen, Liebste, muss ich fort.

985   Schau nicht so traurig, sieh mich an!

Du weißt, ich liebe diesen Sport

und melde mich so oft ich kann.

Ich freu´ mich auf Olympia

bin ja bald auch wieder da,

990   hier bei dir. Ich liebe dich

und wünscht´, du freust dich auch für mich.

Jetzt kommt der Wettkampf meines Lebens,

dann war das Training nicht vergebens.

G   Natürlich freue ich mich für dich!

995   Hoffe, dass du <u>erfolgreich</u> bist.

         Doch seit gestern sorg´ ich mich.

         Im Fernseh´n sah ich ´nen Bericht

         von Dopingfällen, die ans Licht,

         zwar spät, doch jetzt gekommen sind.

1000   Enttäuschung spürt fast jedes Kind,

         denn die Namen, die sie melden,

         waren doch für viele Helden.

     F   Ich habe auch davon gelesen

         und teile die Ernüchterung.

1005   Helden sind sie nun gewesen,

         vorbei ist jede Huldigung.

     G   Was da geschieht, ist nicht zu fassen.

         Warum nur können sie´s nicht lassen?

         Riskieren sie doch Schmäh und Schand,

1010   werden verstoßen vom Verband.

         Und die krummen Machenschaften

         bleiben doch ein leblang haften.

         Sollte das mehr um sich greifen,

         würde die Erkenntnis reifen,

1015   dass nichts mehr zählt auf dieser Welt,

       als Ruhm und damit ganz viel Geld.

       Die Ideale von den Spielen

       völlig auf der Strecke blieben.

   F   Ich will natürlich auch gewinnen,

1020   doch halte ich mich an die Regeln.

       Verstöße würden doch nichts bringen

       außer Schmach und Ehrverlust.

       Übergroß wär´ dann der Frust.

   G   Darf ich den Worten nun entnehmen,

1025   Doping wird´s nie für dich geben?

   F   Was willst du jetzt noch von mir hören?

       Soll ich es feierlich beschwören?

       Wir Sportler werden oft gecheckt.

       Glaub´ mir, bei mir wird nichts entdeckt.

1030   Ich bin Athlet mit Herz und Blut

       und meine Leistungen sind gut,

       weil ich tagein, tagaus trainiere

       und dabei wirklich nichts riskiere.

G   Natürlich wünsch´ ich dir die Siege,

1035   doch wenn davon übrig bliebe,

           dass sie nicht ehrlich sind errungen,

            mein Herz wäre von Schmerz durchdrungen.

           Auch die Gesundheit nähme Schaden.

           Zahlreich sind die spät´ren Klagen,

1040   wenn kein Arzt mehr helfen kann.

Kleine Gedankenpause

           Doch du bist ja ein Ehrenmann.

F   Sorgst du dich wirklich so um mich?

           Bedenke doch! Ich liebe dich.

           Niemals werde ich betrügen

1045   und nie im Leben dich belügen.

Sie umarmen sich.

Im Keller, TV-Übertragung "Olympia"

Personen: Wirtin, Gretchen (G), Trainer (Tr), Sponsor (Sp), Harald (H) und viele andere, später der Reporter (R)

Alle blicken auf den Fernsehschirm; Übertragung von den Olympischen Spielen. Hans hatte gerade seinen letzten Versuch beim Speerwurf: 74 Meter und 12 Zentimeter! Alle klatschen und jubeln.

Trainer, Harald und Sponsor sitzen zusammen. Als das Ergebnis bekannt
wird, legt der Trainer beiden den Arm auf die Schulter.

Tr   Fast 75! Das ist stark!

        Auch wenn ich´s eigentlich nicht mag:

        Jetzt können wir uns schon erlauben,

        an Silber, ja an Gold zu glauben.

1050   Bis dahin ist´s jetzt nicht mehr weit!

Sp   Hab´ ich es euch nicht prophezeit?

        Ich wusste: er ist unser Mann,

        der die Besten schlagen kann,

        gerade bei Olympia…

1055 Tr Ich weiß, ich weiß, ich weiß es ja!

        Doch damals war das nicht zu seh´n.

        Selbst heut´ kann ich´s noch nicht versteh´n,

        was mit ihm und uns gescheh´n.

Sp   Was soll´s? Das haben wir geschafft,

1060   wir drei mit uns´rer eig´nen Kraft…

Harald ganz leise zu sich selbst

H   …und meinem ganz besonderen Saft.

Sp   Drückt nur die Daumen, glaubt an ihn!

Was ist die letzte Disziplin?

1065   Tr   Die Fünfzehnhundert, fast 4 Runden.

Und ich sag´ euch unumwunden:

Jetzt kann nicht mehr viel passieren.

Er muss gar nichts mehr riskieren.

Wenn er nur seine Leistung bringt,

1070   bleibt er vorne, unbedingt!

Sp   Das hör´ ich gern, wenn ihr das sagt,

denn gestern wart ihr noch verzagt,

nur weil der Hochsprung nicht geklappt,

wie ihr´s als Trainer gern gehabt.

1075   Nun endlich seid auch ihr soweit

und akzeptiert die Möglichkeit,

dass Hans Olympiasieger wird.

Apropos wird…

Du, Grete, Gretchen, liebes Kind,

1080   bring´ uns dreien doch geschwind

noch je ein Viertel von dem Guten,

denn in wenigen Minuten

ist´s geschafft, dann ist´s vollbracht!

Wir wollen feiern, dass es kracht!

Sponsor zu Gretchen, die sich gerade entfernen will

1085 Du, Gretchen, jetzt ist es mir egal:

Ich schmeiß ´ne Runde für´s Lokal!

Beifall, die Gäste klatschen.

Wein, Champagner oder Bier.

Die Rechnung gibst du nachher mir.

Und sobald er läuft, dein Schatz,

1090 dann nimmst du bitte bei uns Platz!

Die Bestellungen werden aufgenommen. Währenddessen unterhalten sich Sponsor Harald und Trainer.

Trainer fragend zu Harald

Tr Ich bin sein Trainer im Verein.

Sie werden wohl sein Vater sein?

H Das wär´ ich gern, doch leider nein!

Im Park sind wir uns zum ersten Mal

1095 begegnet – es war phänomenal!

Herzog, mein geliebter Hund,

er war damals noch gesund,

lief ganz plötzlich zu ihm hin.

Das war damals der Beginn

1100   unserer Freundschaft und seitdem

haben wir uns oft geseh´n.

Ich weiß, dass er sehr viel trainiert,

denn Zehnkampf ist wohl kompliziert.

Tr   Oh ja, das kann man sehr wohl sagen!

1105   zehnmal Training in acht Tagen,

und das über viele Wochen!

Das geht mächtig auf die Knochen.

Doch er hat sich nie beklagt,

hat sogar in letzter Zeit

1110   stets mit einer Heiterkeit

im Training noch viel mehr gewagt,

was ihn enorm voran gebracht.

kleine Pause

Er schien ganz plötzlich aufgewacht.

Der Sponsor greift in das Gespräch ein.

Sp   Ich hab´ es ihm…..

Er deutet auf den Trainer.

1115   ………ja gleich gesagt:

            Nur der gewinnt, der etwas wagt.

            Damals hat er vehement

Er deutet abermals auf den Trainer.

            meinen Vorschlag abgelehnt.

            Dann, als Hans sich so gesteigert,

1120   hat er sich auch nicht mehr verweigert.

            Hans hat es sicher sehr genützt,

            dass ich ihn seither unterstützt.

            Ich weiß, Geld ist nicht alles, ganz gewiss,

            doch wenn man´s nicht hat, ein Hindernis,

1125   um Erfolge zu erringen.

            Da hilft Geld vor allen Dingen,

            um sorgenfreier zu trainieren,

            sich auf den Sport zu konzentrieren.

Nach einem Blick auf den Fernseher fährt er fort:

            Ich sehe, gleich ist es soweit.

1130   Die Läufer stehen schon bereit.

Der Sponsor steht auf und spricht laut zu den Gästen:

            Liebe Freunde von Hans, Freunde des Sports,

            es kommt auch auf uns an

            ob unser Hans gewinnen kann.

Jetzt wird ganz kräftig der Daumen gedrückt,

damit unserm Hans das Meisterwerk glückt.

1135   Frau Wirtin, macht doch den Ton wieder an,

damit man den Reporter gut hören kann.

Die Wirtin bedient die Fernbedienung; der Ton wird lauter und lauter.

R   ….hat unser Junge die drittbeste Zeit,

zumindest bislang, und läuft er gescheit,

dann gewinnt er ganz sicher Edelmetall.

1140   Ich hoffe, in Deutschland überall

werden ganz fest die Daumen gedrückt.

Der Junge hat uns bisher schon verzückt,

und wenn er tatsächlich triumphiert,

wird er zum Helden, garantiert!

Man hört einen Schuss.

1145   Das war der Start,

das Ziel ist noch fern.

Nur wenige laufen die Strecke gern.

Es ist einfach hart,

deshalb mich sehr verwundert,

1150   wie schnell die meisten jetzt schon rennen,

als ob sie alle die Strecke nicht kennen.

Hans ist noch hinten, wartet noch ab.

Er gräbt sich doch nicht sein eigenes Grab,

hat seine Konkurrenten stets im Blick

1155   und hält sich ganz bewusst zurück.

Hans Faust kann laufen wie er will,

Hauptsache, er ist vor dem Russen im Ziel

und verliert auf den Ami nur vier Sekunden,

dann ist der Olympiasieger gefunden!

1160   Er heißt Hans Faust und kommt aus Bayern,

doch nicht nur dort wird an ihn feiern.

Noch läuft er locker, auf Platz acht,

doch Sorgen sind nicht angebracht!

Er kontrolliert das ganze Feld,

1165   hat bald den Anschluss hergestellt

an die Spitze, nun noch zwei Runden.

Jetzt hat er genau den Platz gefunden,

um jederzeit zu reagieren,

gegebenenfalls zu attackieren.

Begeisterung und positive Stimmung im Lokal

1170   Noch knapp sechshundert Meter bis zum Ziel.

Bis jetzt sehen wir, passiert nicht viel!

Doch ändert sich das mit Sicherheit,

wenn die Zielgerade nicht mehr weit.

Noch vierhundert Meter, es sind nur noch drei,

1175   die den Lauf jetzt dominieren.

Hans liegt sehr clever auf Platz zwei,

kann von da jeden Angriff parieren.

Und ein Angriff, das steht jetzt schon fest,

nicht mehr lange auf sich warten lässt,

1180   denn alle wollen auf's Podest.

Der Russe zieht jetzt das Tempo an,

doch Hans bleibt ohne Mühe dran.

Der Ami hat schon Schwierigkeiten!

Er fällt zurück, kann nicht mehr fighten.

1185   Jetzt kommt's drauf an, ganz einerlei,

an dem Russen muss er vorbei.

Noch zweihundert Meter, die Kurve ist da,

Hans bleibt dahinter, aber ganz nah.

Sie biegen auf die Gerade ein.

1190   Es ist so spannend, die Zuschauer schrei'n.

Sie springen auf und feuern sie an.

Hans, unser Junge, ist immer noch dran.

Er wechselt auf die zweite Bahn.

Jetzt kommt´s zum Spurt, das war sein Plan.

1195 Er läuft problemlos an dem Russen vorbei,

erzielt gleich einen Vorsprung, er läuft sich frei.

Genauso hat Hans das geplant und gewollt.

Noch dreißig Meter, er läuft zu Gold!

Die Zuschauer im Stadion machen einen Höllenlärm. Sie sind begeistert und klatschen und rufen laut. Im Keller ist die Stimmung noch euphorischer. Hans, Hans, Hans-Rufe mischen sich mit super, super, super bei ohrenbetäubendem, rhythmischem Klatschen. Die Gäste liegen sich in den Armen. Der Sponsor tanzt mit dem Trainer umher, Gretchen und Harald umarmen sich....

Gold! Gold! Gold! Gold! Gold!

1200 Wir sind Olympiasieger!

Er hat sie besiegt, ist endlich „zu Hause",

liegt schnaufend am Boden, braucht jetzt eine Pause.

Der Russe im Ziel gleich neben ihn fällt,

er ist der Zweitbeste dieser Welt.

1205 Im Liegen schon gratulieren sie sich

und „geben sich Fünf" kameradschaftlich.

Jetzt sind die anderen angekommen.

Der Ami ist Dritter, auch er ist vollkommen

fertig, erschöpft und wirft sich daneben,

1210 um Hans und dem Russen die Hand zu geben.

Kleine Atempause

Liebe Freunde zu Hause, was hier geschah,

ist phänomenal, einfach wunderbar.

Hans Faust hat zwei Tage gekämpft wie ein Tiger,

und jetzt sind wir Olympiasieger.

Ohrenbetäubender Beifall im Lokal,; das Lied „So ein Tag" wird angestimmt. Als es endet ergreift der Trainer das Wort. Er stellt sich auf den Tisch, erhebt sein Glas.

1215 Tr Hans Faust, du Teufelskerl, auf deinen Sieg!

Du bist der Held der Republik,

Alle rufen: Hans! Hans! Hans! Und irgendjemand stimmt das Lied an „We Are The Champions".

Empfang zu Hause

Zunächst fand im Rathaussaal die Verleihung der Ehrenbürgerwürde statt. Danach begeben sich alle (Bürgermeister, Hans, Trainer und Sponsor…) auf den Rathausbalkon, unter dem bereits eine große Menschenmenge versammelt ist. Als die Gruppe auf den Balkon tritt, skandieren die Menschen: Hansi, Hansi, Hansi….

Als die Rufe abklingen, ergreift der Bürgermeister (B) das Wort.

B Hier ist er endlich, unser Held,

der beste Zehnkämpfer der Welt,

nun Ehrenbürger unserer Stadt,

1220   der uns so viel gegeben hat.

Er wendet sich an Hans.

Hans Faust, du hast uns über Nacht

in aller Welt bekannt gemacht!

Beifall, Hansi, Hansi-Rufe

Drum wird, ich geb´s hiermit bekannt,

die Stadionstraße umbenannt.

1225   Sie wird....

Der Bürgermeister legt Hans eine Hand auf die Schulter

.... jetzt deinen Namen tragen!

„Hans-Faust-Allee", und ich darf sagen:

Wir alle sind sehr stolz auf dich!

Dein Sieg war abenteuerlich.

1230   Wir danken dir für das Erlebnis

und nicht zuletzt für das Ergebnis.

Zeig doch mal her, das gold´ne Ding,

um das es bei Olympia ging!

*Hans nimmt die Medaille und hält sie hoch; Jubel, Klatschen, Hansi, Hansi-Rufe; als
der Jubel nachlässt:*

Und bei der Gelegenheit

1235   ist es endlich an der Zeit,

diese beiden Herren hier,

Der Bürgermeister hakt sich zwischen Trainer und Sponsor...

jetzt seht ihr sie neben mir,

Sponsor und Trainer, diese beiden,

…und bringt sie mit ans Mikrophon. Er spricht zu beiden und gleichzeitig zur Menge.

nun kommt, seid doch nicht so bescheiden!

1240 Immerhin hat euer Mann

Gold geholt, ich denk´ man kann

dazu nur sagen: Gut gemacht!

Ganz laut und muntert die Menge durch eine Armbewegung auf

Hier ist ein „Danke" angebracht!

Tosender Beifall und Danke, Danke-Rufe setzen ein.

Als sich der Beifall legt, wendet sich der Bürgermeister Hans zu.

Nun schau dir diese Menge an!

1245 Du hast es ihnen angetan.

Zehntausend sind´s, vielleicht noch mehr.

Sie alle kamen heute her,

dir die Ehre zu erweisen,

dich persönlich Lob zu preisen.

1250 Wink nur kräftig! Es ist dein Tag,

den man wohl nie vergessen mag.

Der Bürgermeister legt Hans den Ehrenkranz um und führt in zum Mikrophon.

Sag wie glücklich es dich macht,

dass man so an dich gedacht.

Hans zögert noch immer.

Komm´ jetzt! Lass dich nicht groß bitten!

1255   Ab heut´ hast du den Weg beschritten,

muss ich das wirklich noch betonen?

In die Herzen von Millionen.

F   Hallo! Weiß gar nicht was ich sagen soll.….

Euern Empfang, den find´ ich toll!

1260   Und hier…..

Hans hält die Goldmedaille nochmal hoch.

.….ihr wollt sie sicher nochmal seh´n,

die Goldene, ist sie nicht schön?!

Lauter Beifall, Bravo-Rufe

Ich hab´ sie auch für euch errungen!

Erneut brandet Beifall auf.

Und dass mir dieser Sieg gelungen,

1265   verdanke ich diesen Herren hier.

Hans holt seinen Trainer und seinen Sponsor nach vorne und stellt sich zwischen beide, Er legt ihnen abwechselnd die Hand auf die Schulter.

Mein Trainer hat mich gut trainiert,

mein Sponsor hat mich finanziert!

Die Menge klatscht.

So kam es dann, mit einem Wort

zu Olympiasieg und Weltrekord.

1270   Und die Saison ist für uns drei

mit den Spielen nicht vorbei.

Bei den Meetings, die noch warten,

werde ich sehr gerne starten:

Zürich, München, Köln, Berlin,

1275   überall will ich noch hin,

weil ich eingeladen bin.

Das Programm ist nicht zu schwer,

mach´ ja keinen Zehnkampf mehr.

Werde werfen oder springen,

1280   muss dabei niemanden bezwingen.

Es ist der Abschluss der Saison

und ihr hört ganz bestimmt davon.

Zum Schluss ich eins noch sagen mag:

Ich danke euch für diesen Tag!

1285   Vielen Dank für den Empfang!

Ich vergess´ ihn nicht, mein Leben lang

Der erfolgreiche und glückliche Hans

F   Nun sitz´ ich hier wie einst vor Tagen

und wage es kaum laut zu sagen:

Jetzt hat mein Leben einen Sinn,

1290   weil man mich schätzt, weil ich wer bin.

Ob in Köln, ob in Zürich, ob im Sportstudio,

ob hier in der Stadt oder sonst irgendwo,

man kennt mich, man mag mich, man lädt mich ein,

gemeinsam mit Gretchen, der Liebsten mein.

1295   Wenn im Stadion nur mein Name fällt,

jubeln die Leute, ich bin ihr Held.

Und Gretchen, die Süße, sie himmelt mich an.

Ich liebe sie sehr, drum hab´ ich den Plan,

beim ISTAF- Berlin in wenigen Tagen

1300   sie um ihre Hand zu fragen.

Im Stadion werd´ ich mich vor sie knien,

ihr den Ring überreichen, mit dem kleinen Rubin.

Über die Lautsprecher sie um ihr Ja-Wort fragen

und dann in den Armen über die Laufbahn tragen.

1305   Das alles war bisher nicht mehr als ein Traum.

An solches zu denken wagte ich kaum.

Ich habe Erfolg, bin nicht mehr allein,

kurzum, kein Mensch auf der Welt kann glücklicher sein.

Zum letzten Mal auf dem Trainingsplatz

Hans kommt gerade von einem Sprint zurück und sieht seinen Trainer kommen. Dieser hat ein Blatt Papier in der Hand.

F   Hallo Trainer, ich bin schon eine Weile hier,

1310   dachte schon, ihr kommt nicht mehr.

Habe Starts und Hürden heut´ trainiert

und dies und das mal ausprobiert,

damit ich beim ISTAF in Berlin

nicht ganz und gar verloren bin

1315   gegen... die..... Spezialisten....

....Was macht ihr denn für ein Gesicht?

Stimmt daran irgendetwas nicht?

Tr   Hans Faust, Hans Faust! Vergiss Berlin!

Wir fahren nirgendwo mehr hin!

1320   Hans Faust! Jetzt sieh mir ins Gesicht!

Er fuchtelt mit dem Blatt Papier in der Luft herum.

Hast du oder hast du nicht?

In diesem Brief, das trifft mich tief,

steht: Du bist positiv

getestet worden bei den Spielen.

1325   Zwar bist du einer nur von vielen,

doch sag´s mir mitten ins Gesicht,

bislang nämlich glaub´ ich´s nicht.

Hast du? Ich will es von dir hören!

     F   Trainer, das kann ich beschwören!

1330   Daran ist nichts Wahres dran.

Ich hab´ nichts Unrechtes getan

Ich kann nur sagen, glaube mir!

Mit dieser Probe stimmt ´was nicht.

Wenn nötig, geh´n wir vor Gericht.

1335 Tr Gemach, gemach, noch kann man hoffen.

Die B-Probe ist ja noch nicht offen.

Wenn die negativ ausfällt,

ist´s wieder gut um uns bestellt.

Bis dahin können wir nur warten

1340   und werden nirgendwo mehr starten.

Wir sollten uns lieber gut verstecken.

Die Presse darf uns nicht entdecken.

Sie haben zwar schon nachgefragt,

bisher hab´ ich noch nichts gesagt.

1345   Wollte mich selbst erst informieren

und nicht ins Blaue spekulieren.

Glaub´ mir, es wird nicht lange dauern,

sie werden uns jagen und belauern.

Die Schlagzeilen kann ich schon lesen:

1350   „Hans Faust, unser Held, ist gedopt gewesen“.

Nein, so ´was hab´ ich noch nicht erlebt!

Das ist, als ob die Erde bebt.

Am besten, wir geh´n nicht mehr aus dem Haus.

Was jetzt auf uns zukommt ist mir ein Graus.

Hans, nach dem letzten Training
wieder zu Hause

1355 F   Was hab´ ich mir da nur eingebrockt?

Von Ruhm und Ehre angelockt

und um den Verstand gebracht;

dass mir das passiert, hätte ich nie gedacht.

Es hat aber auch alles so gepasst!

1360 Harald, der Hund, so dass ich fast

ein einziges Komplott vermute.

Sogar die Grete, diese Gute

war ein Teil im Ränkespiel.

Jetzt zu jammern hilft nicht viel,

1365 doch ich will Gewissheit haben,

wie die Dinge sich ergaben.

Harald und dieser falsche Hund,

waren bestimmt kein Zufallsfund.

Er hat sich planvoll, mit Bedacht

1370 so heimlich an mich rangemacht,

mir_seinen Herzog präsentiert

und mich dadurch verführt,

diese Tropfen einzunehmen.

Jetzt muss ich mich dafür schämen.

1375 Das seh´ ich jetzt mit klarem Blick,

doch leider gibt es kein Zurück.

Ich könnte jetzt zu Harald geh´n.

Hab´ ihn schon länger nicht geseh´n.

Ihn Aug´ in Aug´ dazu befragen.

1380 Doch was könnt´ er mir schon sagen?

Er hat erfüllt, was ich gewollt:

Den Weltrekord, Olympiagold,

Anerkennung, Ehre, Ruhm,

und ich Trottel war so dumm,

1385   ihm auf seinen Leim zu geh´n.

Hans wendet sich dem Publikum zu und ruft verzweifelt

Mensch, das müsst ihr doch versteh´n!

Hans sammelt sich und fährt mit ruhiger Stimme fort.

Ich gehe nicht hin, rufe lieber an.

Damit ist´s schließlich auch getan.

Hans greift zum Telefon, wählt.

Bin sehr gespannt, was er dann sagt,

1390   zu dem Verdacht, der in mir nagt.

Hans wartet, der Teilnehmer meldet sich, Hans steht auf.

Hallo Harald, hier ist Hans!

T   Harald? Ich versteh´ nicht ganz.

Hier gibt's kein´ Harald! Nehme an,

ihr habt beim Wählen euch vertan…

1395 F ….Das kann nicht sein, hab´ garantiert.

Die Nummer bei mir programmiert.

T   Guter Mann, was soll ich sagen?

Wir wohnen hier seit vierzehn Tagen,

und sie sind wirklich falsch verbunden!

1400   Ich denk´ ihr Harald ist verschwunden.

Mehr zu tun ich nicht vertrag.

und wünsche einen guten Tag!

*Der Teilnehmer legt auf. Hans steht noch eine Weile mit dem Hörer am Ohr da.
Kleine Pause.*

F   Trotz meines Grolls, sag´ ich es milde:

Das passt für mich genau ins Bilde.

1405   Erst bietet er das Zeug mir an,

dann haut er ab, so schnell er kann.

Kleine Pause. Hans wendet sich dem Publikum zu.

So merkt euch, liebes Publikum:

blind vertrauen ist oft dumm.

Ich hab´ es am eigenen Leib verspürt

1410   und möchte nicht, dass Ihnen so etwas passiert.

Epilog im Olymp

*Apollon erklärt seinem Vater das neueste Smartphone, Harald streitet mit dem Tür
wächter, will eintreten.*

A   Das ist ein Lärm vor unserer Tür.

Glaube, die Herolde sind wieder hier.

Z   Was wollen sie denn jetzt von mir?

Lass´ sie rein, auch wenn sie stören,

1415   schließlich will ich doch gerne hören....

Apollon öffnet die Tür, sieht hinaus.

A   Diesmal ist es nur einer!

Z   Nun, besser als keiner.

Harald tritt ein, verbeugt sich und sieht Zeus an.

H   Ich will berichten, wenn´s beliebt,

über die Wette, die ich einging.

1420 Z   Du meinst wohl diesen Sonderling,

der für das Gold um seinen Hals

bereit war, alles zu riskieren.

Konnte er nun jubilieren?

H   Er gewann das, was er wollte.

1425   Die Welt ihm jede Ehrung zollte.

Zwar war das nur für kurze Zeit,

denn Lügen tragen nicht sehr weit.

A   Was hast du mit ihm gemacht?
       Wie hast du ihn dazu gebracht,
1430   dieses Teufelszeug zu schlucken?

H   Er tat´s fast ohne Wimpernzucken.
        Selbst seiner Liebsten, diesem Gretchen –
        ein hübsches Mädchen aus dem Städtchen –
        log er einfach ins Gesicht.
1435   Gewissensqualen gab es nicht.

Z   Es ist doch kaum zu verstehen,
        wie konnte sowas so leicht gehen?
        Ich sah ihn als recht wack´ren Mann,
        der sich zufrieden schätzen kann,
1440   der Sport betreibt als Zeitvertreib,
        gesund sich hält an Geist und Leib.
        Wieso ging er dir auf den Leim?

H   Er sah nicht, wie gut es ihm so ging.
        Sich zu bescheiden war nicht sein Ding.
1445   Er wollte nach den Sternen greifen,
        maßloser Ehrgeiz war am reifen.

Ich habe ihn zu nichts gezwungen,

er hat sich selber durchgerungen.

Jetzt wimmert er in seiner Kammer,

1450   verliert sich schier im Weltenjammer.

Sieht um sich rum nur noch Verräter,

sich selbst als Opfer, nicht als Täter.

Damit könnt ihr ihn beide sehen.

Er zeigt auf das Smartphone, das Zeus in seiner Hand hält.

Mit dem Smartphone wird es gehen.

1455   Es liefert Bild und auch den Ton.

Harald lässt sich das Smartphone geben und tippt ein paar Befehle ein.

Schaut her und seht! Da ist er schon!

Sie sehen Hans in seinem Zimmer, zunächst vor Verzweiflung den Kopf in beide Hände gestützt.

F   Habe nun, ach! Alles, was ich mir erträumt

in manchen Nächten, auch gewonnen,

war von Ruhm und Ehre ganz umschäumt,

1460   und jetzt ist alles wie zerronnen.

Hier steh´ ich nun, ich armer Tor,

und fühl´ mich schlechter als zuvor.

Die Leistungen, die ich erbracht,

zählen nichts mehr, über Nacht

1465   bin ich zur Unperson geworden.

Zurückgeben musst´ ich alle Orden.

Niemand will mehr mit mir reden,

auch Gretchen kann mir nicht vergeben,

hält mich für einen Lügenmann,

1470 mit dem zu leben sie weder will noch kann.

Sie mag nicht länger bei mir zu bleiben.

 Und wem verdanke ich meine Leiden?

Diesem Harald, diesem Schuft!

Der hat doch ganz genau gewusst,

1475 dass ich am Ende der Etappe

in eine große Falle tappe.

 Ich wollte nach oben, egal wie oder womit,

erhielt jetzt einen kräftigen Tritt

und bin ganz unten angekommen,

1480 kann es kaum fassen, bin wie benommen.

Was bleibt mir denn von meinem Ruhm?

Was könnte ich denn jetzt noch tun?

Es möchte kein Hund so länger leben! 376

Drum hab´ ich mich dem Suff ergeben.

1485 Doch der Kater am nächsten Morgen

lässt all meinen Kummer, alle Sorgen

noch größer und noch schlimmer scheinen.

Ich bin am Fluchen, bin am Weinen,

doch nichts hilft, nichts bringt die Wende.

1490   Ich muss erkennen, ich bin am Ende.

A   Das will ich jetzt nicht weiter sehen,

kann auch die Menschen nicht verstehen,

die sich selbst zugrunde richten,

weil sie die Dinge falsch gewichten,

1495   sich dumm und rücksichtslos gebaren

gegen sich selbst. Alle Gefahren

mit offenen Augen ignorieren,

gar dem Teufel assistieren,

des Mammons, Glücks, der Ehre wegen.

1500   Dafür geb´ ich keinen Segen!

H   Nun, sein Glück ist schnell zerronnen,

doch meine Wette ist gewonnen.

Z   Dir ging es doch nur um die Wette!

Besser wäre es, ich hätte

1505   die Erlaubnis nicht gegeben,

einen Mann so zu versuchen,

um ihn dann auf krummen Wegen

in ein Lügennetz zu weben.

Am Ende kann er nun verbuchen,

1510   dass er alles das verloren,

was er sich selber hat erkoren.

Es ist doch nichts von dem geblieben,

was einst der Sinn von diesen Spielen.

Noch nicht mal Frieden wird gehalten.

1515   A   Nun ja, den Menschen vorzuhalten,

dass sie keine Engel sind,

ist völlig sinnlos.

Das weiß jedes Kind.

Z   Doch ich erinn´re mich an Zeiten,

1520   da ruhten in Hellas alle Waffen.

A   Das kann ich wahrlich nicht bestreiten,

doch heute ist das nicht zu schaffen.

Z   Das hör´ ich gar nicht gerne.

Doch was ist das? Ganz von Ferne

1525   vernehm´ ich eine leise Stimme.

A   Ist´s eine Nachricht, eine schlimme?

Nun erzähl´ doch! Sagt sie was?

1528 Z   Die Stimme sagt: Wir schaffen das!